2. Auflage Sandra Hager
© 2020
Herstellung und Verlag: BoD – Books on Demand, Norderstedt.
ISBN: 9783751916233

1. Auflage erschien 2012 - ebenfalls bei Books on Demand, Norderstedt.

DANKSAGUNGEN

An alle Leser von „KOMM LASS UNS BALL SPIELEN".
Danke an all meine Lehrer, meine Freunde, auch wenn ich hier nicht jeden einzeln auflistе, der mich inspiriert und unterstützt hat, (jeder von ihnen weiß wer gemeint ist).

Besonderen Dank an meine langjährige Freundin Johanna, die mir als Lektorin jederzeit hilfreich zur Seite stand.
Meinem Sohn Timo, für sein Verständnis, wenn ich mich ins Buch zurückzog. Meinem Freund Jan.

Sandra Hager
Alternative Heilmethoden für Mensch und Tier
Mediale Lebensberatung
Fachberaterin für holistische Gesundheit ®
Medizinische Qi Gong Trainerin ®
ThetaHealing Practitioner ®
www.sandrahager.de

KOMM LASS UNS BALL SPIELEN

WARUM SICH MANCHE GESPRÄCHE GUT ANFÜHLEN UND ANDERE NICHT

INHALTSVERZEICHNIS

Vorwort

Auch wenn du sie mit deinen Augen nicht sehen kannst, gibt es sie doch, die Energie zwischen den Menschen. Natürlich besteht sie auch zwischen anderen Lebewesen, doch in diesem Text möchte ich dir die Energie sichtbar machen, die du abgibst, die du empfängst und mit der du dich umgibst. Erlebe deine Energie bewusster, nimm sie an und lerne, damit zu wirtschaften. Du kennst sicher das Gefühl, wenn du einen Raum betrittst, in dem dicke Luft herrscht. Es liegt etwas in der Luft und du kannst es wahrnehmen. Was du da spürst, ist Energie. Die Energie, mit der gerade „gespielt" wird. Sie kann sich schwer und starr anfühlen, oder drückend und dunkel, aber auch leicht, freundlich, beglückend oder witzig. Es gibt noch jede Menge Beschreibungen dafür, wie sich Energie anfühlen kann, und nicht jeder empfindet eine vorhandene Energie gleich. Eine Energie, die du als befremdlich empfindest, kann einem Anderen vertraut sein, weil er schon in anderen Situationen damit in Kontakt gekommen ist.

Jeder Mensch steht in einer anderen Resonanz zu diesen Energien. Den einen berührt ein Lied oder ein Kunstwerk ganz tief einen anderen lässt es völlig kalt. So nehmen wir auch Energie ganz unterschiedlich wahr. Eine bestimmte Energie kann in dir Emotionen hervorrufen, wenn du sie mit bestimmten Erinnerungen oder Erfahrungen verknüpfst, die dich und dein Weltbild geprägt haben. Oder sie berührt dich nicht, obwohl du sie wahrnimmst. Dann stehst du in keiner Resonanz zu ihr. Wenn zwei oder mehrere Personen sich unterhalten, werden nicht nur Worte, sondern auch Energien „gewechselt". Das, was in einem Gespräch energetisch vor sich geht, möchte ich mit dem Bild des Ballspielens verdeutlichen. Der Ball symbolisiert die Energie, die zwischen zwei Spielern (Sternchen) herrscht. Die Farbe der Flugbahn verdeutlicht die Absicht des Wurfes.

Rot bedeutet immer die Absicht, Energie vom anderen zu nehmen.

Grün bedeutet, dass Energie abgegeben wird.

Die Farbe der Sternchen kennzeichnet den Energiehaushalt der Spieler:
Das graue Sternchen agiert aus einem Energiemangel heraus, das gelbe nicht.

Zunächst jedoch, erkenne warum du Ball spielst. Ich wünsche dir viel Spaß und jede Menge neue Erkenntnisse.

WARUM SPIELEN WIR BALL?

Jedes Gespräch, jede Art der Kommunikation führt dazu, dass ich mich energetisch mit meinem Gegenüber verbinde. Auf der Ebene der Sprache teile ich etwas mit, stelle eine Frage, mache einen Vorwurf oder einen Scherz. Auf einer anderen Ebene kommt es zu einem Austausch von Energien. Energie wird abgegeben oder aufgenommen. Aus manchen Gesprächen gehen beide Partner gestärkt und erfreut hervor, der Ball bleibt im Spiel und fliegt leicht hin und her. Die Energien können fließen, weil jeder gibt und jeder nimmt.

Nach manchen Gesprächen befinden sich die Energien in einem Ungleichgewicht: Der Ball wird scharf geworfen, kann nicht gefangen oder nicht zurückgespielt werden. Ein Partner „bedient" sich auf Kosten des anderen, ohne selbst etwas zu geben. Der oder die andere bleibt kraftlos und ausgelaugt zurück. Diese Art des Ballspielens nenne ich hier Brennball.
In diesem Text werde ich unterschiedliche Arten des Brennballspiels an konkreten Beispielen beschreiben. Zunächst soll es aber darum gehen, warum wir überhaupt Brennball spielen. Jedes unerfreuliche Gespräch, jedes unangenehme „Ballspiel" geht von einem Energiemangel aus. Jeder Brennball ist Ausdruck dafür, dass sich mindestens ein Mitspieler sich in einem Zustand des Energiemangels befindet.

Woher kommt dieser Energiemangel und wie fühlt er sich an? Energiemangel entsteht dann, wenn wir uns nicht geliebt, wertgeschätzt und wahrgenommen fühlen. Von Geburt an sind wir auf Liebe und Zuwendung genauso angewiesen wie auf Nahrung. Wir brauchen Bezugspersonen, die uns beibringen können, wie man hier lebt. Kinder, die wenig Zuwendung erfahren, verkümmern in ihrer geistigen und körperlichen Entwicklung, ohne Zuwendung können sie nicht überleben. Die meisten von uns haben auf die eine oder andere Weise von ihren Bezugspersonen Zuwendung erfahren. Doch nicht immer werden wir um unserer selbst willen geliebt. Schon Kinder lernen, wie sie durch ein bestimmtes Verhalten Zuwendung, Anerkennung oder Wertschätzung erhalten. Und Erwachsene geben oft deutliche Signale, wann ein Kind ihrer Meinung nach ihre Zuneigung, Anerkennung oder Wertschätzung „verdient", und wann nicht: „Wenn Erwachsene reden, dann halte den Mund", oder „singe in deinem Zimmer", oder „kichere nicht immer so albern herum". So werden Verhaltensweisen und Glaubensmuster erlernt, die unsere Sicht auf die Welt und auf uns selbst prägen. (z.B. „Ich kann nicht singen – meine ganze Familie ist unmusikalisch").

Unsere erlernten Glaubensmuster haben *nicht* dazu geführt, dass wir uns selbst kennen lernen und annehmen, mit allen unseren Stärken und Schwächen. Sind wir in Glaubensmustern verhaftet, handeln wir bewusst oder unbewusst nach ihren Gesetzen. Sie zwingen uns „ihre" Wahrheit auf. Wir können uns dagegen auflehnen und uns ändern wollen, aber früher oder später werden wir immer wieder in das gleiche Muster verfallen, solange es uns nicht gelingt, es aufzulösen.

Glaubensmuster sind auch dafür verantwortlich, dass wir uns in *Abhängigkeiten* begeben, weil wir anderen das Recht und die Macht zugestehen, über uns zu werten. Wir lassen andere bestimmen, ob wir liebenswert und wertvoll sind oder nicht.

Stell dir nun vor, deine Mutter erwartet von dir, dass du täglich anrufst. Um sie nicht zu enttäuschen rufst du sie natürlich auch täglich an. Obwohl es an manchen Tagen sehr stressig ist, und du auch nichts Neues zu berichten hast, rufst du sie trotzdem an. Schließlich willst du sie ja nicht enttäuschen. Du hast auch keine Wahl. Auch wenn du denkst du hättest eine. Die einzige Wahl, die du wirklich hast, ist, den Anruf nach hinten zu verschieben, aber anrufen wirst du. Weil du von ihr geliebt und wertgeschätzt werden willst.

Deinen Arbeitskollegen beeindruckt es, wenn du immer einen flotten Spruch auf den Lippen hast. Dein Partner liebt Überraschungen. Dein Kind findet, dass du mit deinem neuen Auto einfach der Größte bist, vor allem, wenn es von dir an der Schule abgeholt wird.

Für Oma holst du schon jahrelang morgens beim Bäcker eine frische Semmel. Onkel Heinrich raucht schon immer, er kommt nur einmal im Monat vorbei, und obwohl bei dir nicht geraucht wird, qualmt er in deinem Wohnzimmer.

Ich denke, du weißt worauf ich hinaus will. Allein das Lesen kostet schon Kraft, oder? Um uns mit Liebe und Wertschätzung zu versorgen, haben wir gelernt uns so zu verhalten, wie andere es gerne hätten, so zu sein, wie andere uns gerne hätten. Wer bist aber du? Wie geht es dir dabei? Das sind die Fragen, die nie gestellt wurden.

Was wir kennen ist:
Was denkt der Nachbar, wenn du...
Was sagt deine Mutter dazu, wenn du...
Das kannst du doch deinem Opa nicht antun, dass du...
Du bist eine Rabenmutter, wenn du...

Diese Abhängigkeiten von anderen sind nicht nur sehr kräftezehrend, nein, wir befinden uns auch immer in einem Level des Energiemangels: Wir sind auf die Hilfe anderer angewiesen, und auch darauf, ob sie uns mit Energie füllen oder leeren wollen. Sie füllen uns, wenn sie uns ein warmes Gefühl schenken: „Deine Bluse ist wunderschön." Sie leeren uns mit kalten Emotionen. „Deine Jacke passt gar nicht zu deinem Kleid."

Wir fühlen uns angegriffen. Denn wäre mein Gegenüber ein bisschen freundlicher gewesen, dann hätte ich jetzt nicht so ein blödes Gefühl im Bauch. Schon sind wir in der Opfer-Rolle. Um unseren Gefühls- und Energiehaushalt wieder „in Ordnung" zu bringen, schnauzen wir die Kellnerin an, weil sie den Kaffee nicht schnell genug serviert. Und werden damit zum Täter. Wir spielen Brennball.

Beide Rollen, ob Opfer oder Täter kosten uns Kraft. Erregen in uns Emotionen, die wir unterdrücken oder die unkontrolliert ausbrechen. Unsere Emotionen zulassen und souverän mit ihnen umgehen können wir nur, wenn wir in unserer Mitte sind. In unserer Mitte zu sein bedeutet, weder aus der Täter- noch aus der Opferrolle zu agieren, sondern frei und in eigener Verantwortung. Es ist dann nicht mehr wichtig, was andere von uns denken und wie sie uns vielleicht verstehen. So oder so können wir es nicht kontrollieren. Wenn wir in unserer Mitte sind, sind wir in der Lage, uns selbst mit Energie zu versorgen. Wir (miss)brauchen andere nicht mehr dafür, unseren Mangel auszugleichen.

DIE VIER ARTEN, BALL ZU SPIELEN

1.   DAS AUSGEWOGENE BALLSPIEL

Eine energetische Verbindung mit anderen kann sehr kraftvoll sein. In einer Unterhaltung ist es die Kraft der Worte. Im Ballspiel 1 bringen beide Partner ihre Energien in das Spiel ein, deswegen ist die Flugbahn grün dargestellt. Sie spielen sich den Ball liebevoll und sanft zu, so dass jede/r ihn gut fangen kann. Dieses Ballspiel kann entspannend, aufbauend, heiter, gelassen und freudig sein. Es herrscht ein Kräftegleichgewicht: Keine/r von beiden hat die Absicht, den anderen energetisch anzuzapfen. Sie zeigen sich gegenseitig so wie sie sind, sie sind ehrlich und aufrecht miteinander und beide stärken ihre eigene Energie. Deswegen sind beide Sternchen gelb (also voller Energie) dargestellt.

Dieses Ballspiel ist das einzige, das nicht wegen eines Energiemangels stattfindet.

Aus dieser Kommunikation können Ideen entstehen, neue Standpunkte entwickelt und ausgebaut werden. Jeder gibt und nimmt und bleibt doch dabei in seiner Mitte. Nach einer solchen Unterhaltung fühlt man sich beglückt und bereichert.

Oft hat man danach Lösungen im Gepäck oder sieht die Dinge in einem anderen Licht. So liebevoll, freudig und leicht kann eine Unterhaltung verlaufen, wenn die Partner in keiner Abhängigkeit zueinander stehen. Wenn sie weder den anderen umsorgen, noch von ihm nehmen wollen.

Was bedeutet „**nehmend**", was „**umsorgend**"?

Wir holen uns die Energie von unseren Mitmenschen auf unterschiedliche Weise. Je nach Typ und je nach Situation holen wir sie uns nehmend oder umsorgend. Wir haben immer beide Anteile in uns. In diesem Augenblick sind wir nehmend und im nächsten bereits umsorgend. Nehmend, wenn wir unsere Bedürfnisse über die des Anderen stellen, umsorgend, wenn wir uns permanent anderen zuwenden und für ihr Wohl sorgen müssen.

Beide Arten, nehmend und umsorgend, handeln immer aus einem Energiemangel heraus. Menschen, die sich anderen gegenüber nehmend oder umsorgend verhalten, möchten sich gebraucht, geliebt, gesehen und akzeptiert fühlen, um so ihren Energie-haushalt wieder auszugleichen. Alleine sind sie dazu nicht in der Lage, da sie es nie gelernt haben.

Sie geben ihre Aufgabe, sich selbst zu werten, das bedeutet, sich selbst als liebenswert, geliebt und akzeptiert zu fühlen an ihre Mitmenschen ab. So sind sie auf das Urteil anderer angewiesen. Die folgenden Beispiele verdeutlichen, wie Menschen sich auf unterschiedliche Art „nehmend" und „umsorgend" Energie von anderen holen.

2. EINER NEHMEND, DER ANDERE HILFLOS. DER BALL WIRD SO GEWORFEN, DASS DER ANDERE IHN WEDER FANGEN NOCH ZURÜCKWERFEN KANN

Das folgende Beispiel verdeutlicht eine Situation, bei der die Unterhaltung auf einem Energiemangel beruht. Der Ball wird so geworfen, dass es für den anderen unmöglich ist, ihn aufzufangen. Es ist noch nicht einmal erwünscht.

Das graue Sternchen ist im Energiemangel. So versucht es nun in Form eines Brennballs (siehe die rote Energie) vom gelben Sternchen Energie zu bekommen. Hier in Form des Nehmens. Das gelbe Sternchen, völlig hilflos, wird bombardiert und sieht für sich keine Möglichkeit, den Ball zu fangen oder zurückzuwerfen. Seine Energie wird sehr schnell vom grauen Sternchen abgezapft.

Julia und Clara

Julia, berufstätige Mutter von Clara (10 Jahre), kommt abends gestresst nach Hause. Sie hat sich gerade eine Tasse Tee gemacht, lässt sich auf ihrer Couch nieder und will einfach mal kurz durchatmen. Denn ihr Tag war lang und sehr anstrengend. Ihre Tochter Clara hüpft singend und pfeifend um sie herum. Julia erträgt es eine kurze Zeit, aber dann platzt es schon aus ihr heraus:

<Clara, geh und spring in deinem Zimmer herum. Ich will einmal am Tag wenigstens fünf Minuten meine Ruhe haben.>

Clara bekam von ihrer Mutter einen Brennball. Die Mutter ist in der Darstellung das graue Sternchen, Clara das gelbe. Die Mutter wurde nehmend: sie stellte ihre Bedürfnisse über die des Kindes.

Sicherlich können sich viele in solch eine Situation hineinversetzen, haben sie so oder so ähnlich schon selbst erlebt. Haben sich auch genauso oder ähnlich verhalten. Du fragst dich vielleicht:

Und wie soll ich mich denn dann in einer solchen Situation verhalten? Muss ich mir immer auf den Nerven rumtrampeln lassen, habe ich nicht auch einen Feierabend verdient?

Schon befindest du dich in der Opfer-Rolle. Und das ist die Ausgangslage für dieses Brennballspiel. Denn die Mutter kommt bereits mit Energiemangel (gestresst) nach Hause und zusätzlich trampelt Clara ihr gewaltig auf den Nerven herum und merkt es selbst nicht einmal. Deswegen fühlt sich die Mutter als Opfer und sieht die Tochter als Täter. Um ihre wohlverdiente Ruhe zu bekommen und - worum es eigentlich geht - ihre Energie wieder aufzutanken, wird die Mutter nun nehmend: Sie will keine Antwort, sie will keine Erklärung, sie will nur, dass ihre Tochter Clara das macht, was sie will. Und zwar jetzt sofort.

Das Kind hat nun die Möglichkeit - denn wir haben ja immer die Wahl - sich zu entscheiden, wie es sich nun verhält. Da die Mutter aber eine Autoritätsperson ist (am längeren Hebel sitzt) wird die Entscheidung schon ein bisschen schwieriger. In den meisten Fällen wird das Kind kleinlaut oder murrend oder auch still in sein Zimmer gehen.

Nun befindet sich das Kind in der Opfer-Rolle, denn die Mutter wurde nun zum Täter. Zum Täter für ihr Kind.
Das ist übrigens immer so. Wenn du denkst, du bist Opfer, oder wenn du dich als Opfer fühlst, dann befindest du dich auch immer gleichzeitig in der Täter-Rolle. Denn Opfer und Täter sind zwei Seiten einer Energiespirale. Nur wenn du aus deiner Rolle austrittst, kannst du die Spirale verlassen.
Dafür ist es aber erst einmal notwendig, zu erkennen, wann du in einer solchen Rolle steckst. Das wird am Anfang nicht immer zum rechten Zeitpunkt gelingen. Aber es gibt immer die Möglichkeit, in einer Sackgasse wieder umzudrehen und zurückzulaufen.

Zurück zu unserem Beispiel:
Julia, die Mutter, bemerkt, dass sie mit Clara nicht schön gesprochen hat und durch ihren kleinen Wutausbruch dem Kind Energie entzogen hat. Um jetzt wieder aus dieser Sackgasse umzudrehen, hat sie die Möglichkeit, sich bei ihrer Tochter zu entschuldigen:
Julia: <Clara, es tut mir leid, dass ich dich so angefahren habe, du solltest wissen, dass mein Tag heute sehr anstrengend war, und ich müde und ausgepowert bin.>

Jetzt ist Julia bereits in ihrer Sackgasse stehengeblieben und hat sich umgedreht. Um nun auch wieder herauszukommen und auf ihren Weg zu gelangen, ist es erforderlich, ihre Wahrheit auszusprechen:

Julia: <Clara, komm mal bitte zu mir her und höre mir kurz zu. Wie ich schon sagte, war mein Tag heute sehr anstrengend und ich bin müde. Sei doch so lieb und spring ein bisschen in deinem Zimmer herum, damit ich etwas Ruhe haben kann. Wenn ich meine Tasse Tee getrunken habe, dann rufe ich dich und wir machen zusammen Abendbrot.>

Julia hat ihre Wahrheit ausgesprochen. Sie hat ihre Bedürfnisse ernst genommen, ohne ihre Tochter dafür verantwortlich zu machen. Sie bekommt nun das, was sie will (fünf Minuten Ruhe) ganz ohne Energieraub.

Sie ist aus der Opfer-Täter-Rolle ausgestiegen. Ganz sanft und ganz ruhig. Fühlt sie sich nicht als Opfer, so wird sie auch nicht zum Täter für ihr Kind. Und nicht nur das, auch das Kind lernt, aus den Rollen auszusteigen, oder eben erst gar nicht einzusteigen.

3. **BEIDE NEHMEND. DER BALL WIRD HART HIN- UND HERGEWORFEN**

Für die zweite Variante des Brennballspiels gehen wir noch einmal zurück zum ersten Brennball, den Julia ihrer Tochter zuwirft. Wie schon erwähnt, hat Clara die Wahl, wie sie sich nun verhält. Nehmen wir einmal an, Clara trotzt ihrer Mutter, wiederspricht und wirft ihr damit einen Brennball zurück:

Clara: <Immer, wenn du von der Arbeit nach Hause kommst, maulst du mich nur an. Nichts kann ich dir recht machen.>

Clara ist in der Opfer-Rolle und sieht ihre Mutter als Täter. Sie versucht nun, sich zu wehren. Die von ihr geraubte Energie wieder zurückzuholen. Behält eine von beiden das letzte Wort, so geht sie mit der neu dazugewonnenen Energie davon: Geht die Tochter mit den Worten: <Du bist so unfair> in ihr Zimmer, nimmt sie die Energie mit, da sie als letztes Täter gegenüber ihrer Mutter war. Die Mutter macht sich Gedanken und eventuell auch Vorwürfe.

Schickt die Mutter die Tochter in ihr Zimmer mit den Worten: <Geh jetzt endlich in dein Zimmer, da kannst du machen was du willst.> Behält sie die Energie, da sie zuletzt Täter gegenüber ihrer Tochter war.

Allerdings wird sich, unabhängig davon, wie es ausgeht, keine der Beteiligten danach wirklich gut fühlen. Die Gedanken drehen sich im Kopf, sie fühlen sich hilflos, wütend oder schuldig, sind nicht im Reinen mit sich selbst. Was also tun, um wieder zur eigenen Mitte zu finden?

In unserem Beispiel wäre es am Sinnvollsten, wenn die Mutter auf Claras Vorwurf: <Immer, wenn du von der Arbeit nach Hause kommst, maulst du mich nur an. Nichts kann ich dir recht machen.> einlenkt, bevor Clara in ihr Zimmer flüchtet. Julia sollte nun auf Claras Vorwurf nicht eingehen, denn eine Zustimmung würde Clara in ihrer Täter-Rolle bestätigen, ein Abstreiten sie noch einmal in die Opfer-Rolle verweisen. Aussteigen bedeutet, sich auf keine der beiden Seiten stellen. Das könnte sich beispielsweise so anhören:

Julia: <Für meine grobe Aussage gerade eben möchte ich dich um Verzeihung bitten. Hast du Lust, wenn ich meine Tasse Tee getrunken haben, mit mir eine Runde Mau Mau zu spielen?>

Klar kann sie nicht beeinflussen, wie Clara nun antwortet. Will sie nicht mit ihr spielen und geht in ihr Zimmer oder freut sie sich über den Sinneswandel der Mutter und geht auf das Angebot ein? Darum geht es hier auch nicht. Es geht darum, die eigene Wahrheit auszusprechen und das hat die Mutter nun getan.

4. EINER NEHMEND, DER ANDERE UMSORGEND. DER BALL WIRD HART ZUGEWORFEN, DER ANDERE IST BEMÜHT, IHN SCHÖN ZURÜCKZUWERFEN

Eine weitere Möglichkeit, Ball zu spielen, besteht darin, dem Gegenüber einen Brennball zu verpassen, während dieser sich gezwungen fühlt, den Ball möglichst sanft zurückzuspielen.

Natürlich gründet auch dieses Ballspiel auf einem Energiemangel. Das graue Sternchen versucht, sich mit der Energie des gelben Sternchens aufzuladen. Es wirft ihm einen Brennball nach dem anderen zu. Das graue Sternchen ist hier nehmend. Das gelbe Sternchen versucht, es dem grauen rechtzumachen: Es ist umsorgend.

Tom und Nick

Tom, zweifacher Familienvater, berufstätig. Sohn Nick 14 Jahre, Sohn Luis 4 Jahre. Tom kommt abends völlig überarbeitet nach Hause und stolpert als erstes über die Turnschuhe von Nick.

Tom: <Nick, komm sofort her, ich sage es dir zum letzten Mal, räum` endlich deine Schuhe auf die Seite, sonst landen sie im Müll!>
Nick kommt mit gesenktem Kopf um die Ecke und räumt seine Schuhe auf.

Tom steht in der Küche und bereitet das Abendessen zu:
<Mensch, Nick, hörst du nicht deinen kleinen Bruder brüllen? Gib ihm doch endlich sein Auto, siehst du nicht, dass er es nicht erreichen kann?>
Nick kümmert sich um seinen kleinen Bruder. Als er seinem Vater etwas von seinem Schultag erzählen möchte, unterbricht dieser ihn:
 <Hast du nicht noch irgendwelche Hausaufgaben zu erledigen? Anstatt hier blöd in der Gegend rumzustehen und Geschichten zu erzählen? Das Essen ist gleich fertig, los, geh in dein Zimmer und erledige deine Sachen.>
Nick verschwindet in sein Zimmer.

Was ist hier passiert? Tom fühlt sich in der Opfer-Rolle und wird dadurch, ähnlich wie im vorherigen Beispiel, zum Täter für sein Kind. Dadurch gerät Nick in die Opfer-Rolle. Da aber Nick die Liebe und die Anerkennung seines Vaters braucht, versucht er, es ihm immer recht zu machen. Er umsorgt ihn. Nick hat bereits gelernt, keine Verantwortung mehr für sein Tun zu übernehmen.

Er hat gelernt, es *anderen* recht zu machen.

Er hat sich selbst versteckt und zeigt der Welt eine Projektion, die er geschaffen hat, um den Wertvorstellungen und Glaubensmustern seiner Umwelt zu entsprechen. Wird an diesem Weltbild nichts mehr verändert, wird er immer von anderen energetisch abhängig sein. Er wird sich stets von anderen werten lassen und so nie in den Besitz seiner ganzen Kraft kommen. Auch wird er es seinen eigenen Kindern so weiter vermitteln. Doch vorher wird er versuchen, sich die Liebe, die er nicht so bekommen hat, wie es für ihn richtig gewesen wäre, im Außen zu bekommen.

Auch Tom lebt nach diesem Schema. Er hat es ja Nick vermittelt. Vielleicht bewegt sich Tom in der Arbeit in einer Opfer-Rolle und umsorgt seine Kollegen oder Vorgesetzten. Oder er ist mit der Arbeitssituation unzufrieden und sieht keinen Ausweg. Zu Hause ist Nick der Schwächere. Daher ist jetzt Tom an der Reihe, endlich mal aufzutanken. Hier macht Nick jetzt, was Tom, sein Vater, von ihm erwartet. Hier soll alles jetzt nach Toms Vorstellungen laufen.

Aber richtig glücklich macht Tom das auch nicht. Im Gegenteil, auch zuhause fühlt sich alles so anstrengend an. Warum? Weil auch er in Abhängigkeiten zu Nick steckt. Auch Nick darf Tom werten, da Tom sich gut fühlt, wenn Nick erledigt, was er ihm aufträgt. Weigert sich Nick, so fühlt sich Tom von ihm nicht geachtet, nicht geschätzt und letztendlich nicht geliebt.

Es ist anstrengend in Abhängigkeiten zu anderen zu stehen. Es ist leichter, sich selbst mit Energie zu versorgen. Ich bin liebenswert, so wie ich bin. Alle meine Bedürfnisse haben ihre Berechtigung zu sein. Erst wenn ich mich respektiere, höre, wertschätze, wahrnehme, liebe, dann erst kann ich auch andere respektieren, hören, wertschätzen, wahrnehmen und lieben.

Hat Tom keine Zeit zu verschnaufen, so räumt er Nick auch nicht die Möglichkeit ein. Muss er nach Plan funktionieren, so erwartet er dasselbe auch von Nick. Es ist das ewige Hamsterrad, aus dem auszubrechen nicht möglich ist. Ihr denkt, ihr könnt euch entscheiden? Nein, erst müsst ihr alte Glaubensmuster auflösen, dann könnt ihr eine wahre Entscheidung treffen und wirklich neue Wege einschlagen.

Beispiel:
Weil Nick heute Geburtstag hat, nimmt Tom sich vor, über einige Dinge hinwegzusehen. Als Geschenk besorgt er etwas, das Nick sich schon lange Zeit wünscht. Tom kommt nach Hause, ignoriert Nicks Turnschuhe, die wie immer mitten im Weg liegen, und begrüßt Nick mit einer Umarmung und Glückwünschen. Er gibt ihm das Geschenk und freut sich zusammen mit Nick darüber. Anschließend geht alles seinen gewohnten Gang und als Tom nochmal zur Haustür geht, bittet er Nick, seine Turnschuhe doch nun endlich aufzuräumen.

Fakt ist, dass Tom die herumliegenden Turnschuhe stören. Er kann, wenn überhaupt, nur kurze Zeit darüber hinwegsehen. Aber diese Turnschuhe kosten ihn richtig Energie. Jedes Mal, wenn er die Schuhe herumliegen sieht, ärgert er sich. Ja, es macht ihn einfach wütend. Er lässt doch seine Schuhe auch nicht mitten im Weg liegen, dass jeder darüber stolpern kann!

Für Tom sind Nicks herumliegende Turnschuhe ein Reiz, der jedes Mal eine bestimmte Emotion, ein bestimmtes Verhalten in ihm auslöst. Bewusst oder unbewusst verbindet er die Turnschuhe mit einer Erfahrung, die er vielleicht schon in seiner Kindheit gemacht hat und die sich ihm in Form eines Glaubensmusters eingeprägt hat. Solange dieses Glaubensmuster besteht, wird er sich jedes Mal aufs Neue über die Turnschuhe ärgern. Und nicht nur das, er wird sich genauso über einen herumliegenden Schal, eine Handtasche oder ein Spielzeugauto seines kleinen Sohnes ärgern, denn alle diese Reize können in ihm dieselbe Emotion wieder und wieder auslösen.

Löst er aber sein Glaubensmuster auf, findet dieser Reiz keine Resonanz mehr in Tom. Er kann sich souverän verhalten, denn ein herumliegender Turnschuh bringt ihn nicht mehr aus der Fassung. Er kann Nick niemals ändern, aber sich selbst.

Wenn man selbst auch nur 3 % von jenem Bösen hätte, das man im anderen sieht oder auf ihn projiziert, und der objektiv andere die restlichen 97 % besäße, wäre es dennoch weiser, die eigenen 3 % ins Auge zu fassen; denn nur bei sich selber kann man etwas ändern, beim anderen bekanntlich fast nie. (C.G.Jung)

Solange die Turnschuhe für Tom ein „rotes Tuch" darstellen, kann auch Nick sich nicht frei dazu verhalten, denn ob er sie nun liegen lässt oder aufräumt: es wird in dieser Situation automatisch zu einer Botschaft, die Tom auf sich selbst beziehen muss. Nick hat in dieser Situation keine Möglichkeit, seine Interessen wahrzunehmen ohne gleichzeitig seinem Vater Ablehnung zu signalisieren. Er hat keine Chance, sich neutral zu verhalten. Er steht unter Druck. Unter Druck können wir nicht klar denken. Wir werden energetisch steif und unflexibel. Meistens passiert dann gerade das, was wir eigentlich vermeiden wollten. Wenn es aber Tom gelingt, sich von diesem Glaubensmuster zu lösen, so haben auch die Menschen um ihn herum eine Chance, sich anders zu verhalten.

Wenn die Turnschuhe in Toms Innern keine Emotion mehr auslösen, wenn also keine Resonanz mehr besteht, kann auch Nick sich davon lösen.

Daher kann es dann auch durchaus vorkommen, dass Nick seine Schuhe aufräumen wird. Egal, was jedoch im Außen geschieht, Tom wird innerlich Ruhe bewahren können. Es wird ihm nichts mehr ausmachen. Hat er sein Glaubensmuster aufgelöst, so kann im Außen kommen was mag, es wird sich leicht anfühlen.

Leicht deshalb, da auch bei Tom die Energien fließen können und er keine Resonanz mehr verspürt, wenn er die Schuhe von Nick auf dem Flur liegen sieht. Er bleibt beweglich und flexibel. Er kann nun, wenn er will, einfach die Schuhe selbst auf Seite schieben, oder er kann Nick einen Deal vorschlagen, sollte er seine Schuhe nicht aufräumen. Liegen beispielsweise Nicks Schuhe herum, wenn Tom von der Arbeit heimkommt, dann räumt er das Geschirr in den Geschirrspüler, bereitet den Nachtisch, saugt die Wohnung oder liest seinem Bruder eine Geschichte vor. Damit holt Tom den Jungen ins Boot. Er beteiligt sich am Familienleben und verrichtet etwas, wovon alle profitieren.

Mit einer Aussage, wie: <Die Schuhe fliegen in den Müll.> wird Tom eher unglaubwürdig oder lässt sogar Schwäche und Hilflosigkeit spüren. Nichts, woran sich Nick festhalten könnte. Er kommt wieder unter Druck und wird damit energetisch steif und unflexibel.

Hat Tom das Glaubensmuster aufgearbeitet und wertet sich nicht mehr durch das Aufräumen der Schuhe, kann er seinen Deal auch mit einer ganz anderen Stimme ausdrücken. Eine Stimme, erfüllt von Leichtigkeit und Freude, anstelle von Zorn. Das allein kann bereits Nicks Verhalten verändern. So kann man gemeinsam den Alltag mit viel mehr Freude erleben und Probleme kreativ lösen.

ABHÄNGIGKEITEN ZUM GEGENSPIELER

Wären wir frei von Abhängigkeiten, so käme kein Brennballspiel zustande. Wie wir schon wissen, basiert jedes ungleiche Ballspiel auf einem Energiemangel. Da wir nicht gelernt haben uns selbst vollzutanken, benutzen wir andere dafür. Wir haben vor allem gelernt, wie man sich gegenseitig Energie entzieht und zukommen lässt. Jetzt ist es an der Zeit, umzudenken. Sich selbst vollzutanken. Verantwortung für sein Tun zu übernehmen. Sich zu zeigen, wie man wirklich ist. Die eigene Wahrheit auszusprechen. Sich zu schützen und damit anderen auch die Möglichkeit zu geben, in Schutz zu leben. Wobei ich mit Schutz hier definitiv kein Verschließen anspreche, sondern genau das Gegenteil: Die Öffnung. Sich für andere Menschen zu Öffnen. Für die Kommunikation zu öffnen. Bei anderen hinhören, auf sie zugehen, sie zu verstehen, aber auch sich selbst verständlich zu machen.

Um uns das alles zu ermöglichen, sollten wir uns erst einmal unserer Abhängigkeiten bewusst werden. Da gibt es jede Menge und ganz verschiedene, da jeder Mensch verschieden ist und die Welt anders sieht.

Wer Brennball spielt, will sich von anderen Energie holen. Das graue Sternchen ist energetisch abhängig vom gelben Sternchen. Es will Liebe, und die versucht es sich durch Brennbälle (siehe rote Energie) zu holen. Das kann durch spitze Bemerkungen, durch Kraftausdrücke, durch verbale, ironische, schnippische Kinnhaken geschehen. Aber auch das gelbe Sternchen steht in einer Abhängigkeit zum grauen Sternchen. Es will auch Liebe. Indem es seinem Gegenüber gibt was es will, hofft es, ebenfalls etwas zu bekommen. Es umsorgt das graue Sternchen. Sie stehen also in gegenseitiger Abhängigkeit, daher kann das Brennballspiel stattfinden.

Inga und ihr Vermieter
Inga hat gemeinsam mit ihrem Partner die obere Wohnung in einem freistehenden Haus gemietet. Im unteren Stockwerk wohnen die Vermieter, ein älteres, ordnungsliebendes Ehepaar.

Inga feiert ihren Geburtstag und lädt ihre Familie zum Essen zu sich ein. Es kommen ihre Tochter und ihr Sohn mit Familie. Der einjährige Max spielt mit seinem Auto auf dem Fußboden, während die anderen bei Tisch sitzen und sich unterhalten. Es klopft an der Tür und als Inga öffnet, steht ihr Vermieter vor ihr.

Er eröffnet das Gespräch mit einem Brennball:
<Du Inga, so geht das hier nicht, es ist viel zu laut, und das Getrampel der Kinder das hält man hier unten gar nicht aus. Also, es ist schon fast neun Uhr, bitte mach, dass es leiser wird. Danke.>
Inga: <Aber das ist doch nur der Einjährige, der da Auto am Fußboden spielt, der kann doch gar nicht so trampeln.>
Vermieter: <Ach so, ich dachte, das sind mehrere Kinder, aber trotzdem euer Lachen hört man bis runter in unser Wohnzimmer, und es ist ja schon spät.>
Inga: <Ja, okay, mach ich. Wir werden leiser sein. Gute Nacht.>

Der Vermieter ist hier das graue Sternchen, das sich mit seiner Beschwerde Energie holt bei Inga, der Mieterin.

Wieso lässt sich Inga das gefallen? Wieso lässt sie so mit sich reden? Welche Abhängigkeit herrscht hier? Sie zahlt doch ihre Miete, hat doch auch Rechte. Es ist doch nicht verboten seine Familie einzuladen. Und in welcher Abhängigkeit steht der Vermieter zu Inga? Es gehören ja schließlich immer zwei dazu.

Beginnt einer nun ein ungleiches Ballspiel, so zeigt er bereits als erster seine Abhängigkeit. Die Abhängigkeit des Vermieters kann viele Gründe haben, auch solche, die mit Inga, der Mieterin gar nichts zu tun haben. Es könnte sein, dass der Vermieter keine Kinder hat. Es könnte sein, dass er keinen oder wenig Kontakt zu seinen Kindern hat, und deswegen selten von seinen Enkelkindern Besuch bekommt. Es könnte sein, dass er sich nach Geselligkeit sehnt. Vielleicht erinnert ihn die Situation an etwas, das er schon erlebt hat, vielleicht durfte er als Kind nie Spaß haben und lachen, Freunde einladen oder Besuch bekommen. Seinem alten Glaubensmuster gehorcht er auch heute noch und deswegen dürfen andere in seiner Nähe das auch nicht. Es gibt unzählige Möglichkeiten, warum und in welcher Abhängigkeit der Vermieter stecken könnte. Was es auch immer im Außen sein mag, im Inneren ist er vermutlich einsam, frustriert, allein, traurig.

Nun zu Inga. Gäbe es in ihr keine Resonanz zu dieser Situation, könnte sie einfach aussteigen. Doch sie spielt das Brennballspiel mit und zeigt sich damit abhängig. Vielleicht hatte sie einen Vater, der ihr immer ähnliche Vorhaltungen machte. Hat sie dieses Glaubensmuster nie bearbeitet, so steht sie energetisch sofort wieder in der Rolle als Tochter ihrem Vermieter gegenüber. Sie wird sich immer so verhalten, wie sie es ihrem Vater gegenüber gemacht hat: zurückstecken, klein beigeben, besänftigen. Sie wird versuchen, ihr Verhalten vor sich und den anderen zu rechtfertigen, weil sie selbst nicht weiß, wie sie aus diesem Muster ausbrechen soll.

Zurück zum Beispiel:
Inga kehrt zurück zum Tisch und erzählt der Familie, was gerade los war.
<Aber Inga, so kannst du doch nicht mit dir reden lassen. Mensch, du zahlst hier Miete. Einmal im Jahr wirst du doch wohl feiern dürfen. Heute ist schließlich dein Geburtstag.>
Inga: <Ja, schon, find ich auch echt den Hammer, aber naja...sind wir doch einfach ein bisschen leiser. Was will man machen.>

Sie denkt, wenn sie ihm ihre Wahrheit mitteilt, wird er sie nicht mehr mögen. Sie eventuell aus der Wohnung ekeln. Sie hat Angst und wird dadurch unflexibel und starr.

Wenn Inga ihr Glaubensmuster bearbeitet, hat sie die Wahl und kann sich aus dieser Situation befreien. Solange sie in der Vergangenheit festhängt, ist auch sie Täterin, und zwar ihrer Familie gegenüber, die sich durch die Situation nun auch zu verstellen beginnt und sich nicht mehr unbeschwert unterhalten kann. Und natürlich zu sich selbst, weil sie sich zu Hause nie ganz wohl fühlen kann.

Wie würde es aussehen, wenn Inga sich nicht mehr auf ein Brennballspiel mit ihrem Vermieter einließe? Spulen wir einfach nochmal an den Anfang des Gespräches zurück.

Der Vermieter klopft an die Wohnungstür und Inga öffnet:

Vermieter: <Du Inga, so geht das hier nicht, es ist viel zu laut, und das Getrampel der Kinder das hält man hier unten gar nicht aus. Also, es ist schon fast neun Uhr, bitte mach, dass es leiser wird. Danke.>
Inga: <Hallo, schön, dass du kommst. Wie du weißt, habe ich heute Geburtstag. Ich feiere mit meiner Familie. Erstaunlich, dass es sich für euch laut anhört, da wir alle am Tisch sitzen. Willst du ein Stück Kuchen mitnehmen?>

Nun hat Inga die Wahl: Sie muss nicht direkt auf das antworten, was der Vermieter gesagt hat. Sie darf entscheiden, worüber sie spricht. Mit dieser Antwort hat der Vermieter garantiert nicht gerechnet. Wenn jemand einen Brennball wirft, dann erwartet er normalerweise, dass der andere ihm den Ball zurückspielt. Lässt sich Inga nicht auf das Ballspiel ein, hat der Vermieter keinen Gegner. Die Täter- und Opferrollen funktionieren nicht mehr. Sicher kann Inga nicht wissen, wie jetzt der Vermieter darauf reagieren wird.

Wird er lächeln und sehr gerne eine Stück Kuchen mit nach unten nehmen? Oder wird er weiter Brennbälle werfen, die dann einfach im Nichts verpuffen, da Inga nicht mehr mitspielt. Egal welche Reaktionen auch kommen, Inga kann gelassen bleiben und ihren Geburtstag genießen.

Ronja und Ben
Ein weiteres Beispiel für Abhängigkeiten ist das Brennballspiel zwischen Ronja und Ben. Die beiden sind ein Paar und leben schon einige Jahre zusammen.

Ronja: <Ben, warum hast du denn die Wäsche nicht abgehängt und ins Haus gebracht?>
Ben: <Ich dachte, du kümmerst dich um die Wäsche. Hast sie ja auch im Hof aufgehängt.>
Ronja: <Soll das heißen, dass hier nur ich für die Wäsche zuständig bin? Du kannst ja auch mal mitdenken. Du warst zu Hause und hast doch mitbekommen, dass es zu regnen beginnt.>
Ben: <Ich arbeite schon den ganzen Tag hier am Computer. Glaubst du ich sitze hier nur rum und glotze aus dem Fenster? Und zu deiner Info, nein, ich habe es nicht mitbekommen, als es anfing.>

Ronja: <Aber irgendwann hast du doch auch bemerkt, dass es draußen schüttet, oder?>

Ben: <Ja, irgendwann schon, aber dann war die Wäsche eh schon nass. Hätte ich sowieso nichts mehr retten können.>

Ronja: <Doch, hättest du die Wäsche schnell reingeholt, dann wäre sie mittlerweile schon wieder fast trocken. Jetzt muss ich sie nochmal waschen. Wegen dir!>

Dieses Brennballspiel könnte sich jetzt noch eine Weile so fortsetzen. Denn es dient keiner Klärung, sondern lediglich der Energie, die ja jeder vom anderen abzapfen möchte. Beide befinden sich aus ihrer Sicht in der Opfer-Rolle. Ronja von Ben nicht gesehen, gehört, akzeptiert und Ben ebenfalls nicht von Ronja.

Der Grund, warum sie nicht aus dem Brennballspiel aussteigen können und warum sie sich überhaupt darauf einlassen, ist wie immer ein Mangel an Energie. Diesmal betrifft er beide Spieler.

Warum lässt sich Ronja darauf ein und warum kann sie nicht aussteigen? Sie steht in einer Abhängigkeit zu Ben. Er darf Ronja werten. In ihren Augen ist er für ihre Emotionen verantwortlich. Das bedeutet, ist Ben schlecht gelaunt und unfreundlich zu Ronja, so fühlt sie sich von ihm nicht geliebt. In diesem Beispiel fühlt sich Ronja von Ben abgelehnt. Sie bekommt das Gefühl, dass sie hier alles alleine „managen" muss. Außerdem hat Bens Unachtsamkeit ihr zusätzlich Arbeit gemacht. Sie muss die Wäsche wieder waschen und Ben scheint das nicht zu interessieren.

Er interessiert sich also nicht für sie. Sie ist ihm egal. Sie fühlt sich nicht geliebt und geschätzt von ihm. Würde sie aus dem Brennballspiel aussteigen, hätte Ben gewonnen. Sie würde Energie verlieren, wenn sie das Spiel mit dem Gefühlt „ungeliebt" verlassen würde. Das treibt Ronja an, weiter zu kämpfen.

Bei Ben ist das ähnlich, sonst käme das Brennballspiel erst gar nicht zustande. So fühlt sich auch Ben von Ronja nicht wert geschätzt, geliebt und auch sie darf ihn wegen dieser Abhängigkeit werten. Auch Ben möchte das Spiel nicht als „Verlierer" verlassen und kämpft daher tapfer weiter.

Beide sind sie aber auch Täter. Wie wir schon wissen sind Opfer und Täter immer in einer Energiespirale miteinander verbunden. Sie sind Täter gegenüber sich selbst. Sie sind beide im Ungleichgewicht, nicht in ihrer Mitte und somit schaden sie sich selbst. Sie schaden ihrer Gesundheit, ihrer inneren Harmonie. Sie sind auch Täter füreinander. Beide erleben in diesem Brennballspiel nicht die Partnerschaft, die sie eigentlich leben möchten: Auch können manche, in der Wut ausgesprochene Worte, tiefe Wunden beim anderen einreißen. Es kann lange dauern, bis sie wieder geheilt sind und im schlimmsten Fall heilen sie nicht mehr.

Es ist sehr anstrengend für uns, wenn uns andere werten dürfen. Ich denke, Ronja und Ben kostet der Streit eine enorme Kraft, und die Energie, die sie sich gegenseitig abzapfen, hält nicht lange an. Von Dauer ist aber, wenn wir uns selbst mit Energie volltanken, anstatt andere anzuzapfen. Wenn wir in keiner Abhängigkeit zum andern stehen.

Zurück zu dem Streit von Ronja und Ben. Zum Beispiel könnten Ronja und Ben den Streit so verlassen und aus der Opfer-Täter - Spirale aussteigen.

Ronja: <Ben, es tut mir leid, dass ich dir die Schuld an der nassen Wäsche gegeben habe. Ich war schon sehr genervt, als ich heimkam, da mir ein Autofahrer ganz knapp die Vorfahrt genommen hat und ich dann auch noch voll abbremsen musste und von ihm angehupt wurde.>

Ben: <Ronja, es tut mir leid, dass ich dir die ganze Sache mit der Wäsche in die Schuhe geschoben habe. Ich arbeite heute schon den ganzen Tag an dieser Excel-Tabelle und ich weiß nicht, wie ich die bis morgen fertig bekommen soll.>

Was auch immer es ist, das dich Energie gekostet hat, sprich es aus. Sag deine Wahrheit, anstatt dich bei der nächstbesten Gelegenheit auf Kosten anderer aufzutanken. Denn wo kein Opfer, da kein Täter.

VERSTECKTER BRENNBALL

DER ZUHÖRER IST DAS OPFER

Es passiert häufig, dass zwei Personen Brennball spielen und dabei auch andere energetisch anzapfen. Wenn du nach einem Streit zwischen anderen Personen auch irgendwie müde, traurig, oder wütend bist, dann deswegen weil auch du eine Resonanz zu diesem Thema hast. Wenn Personen, die dir nahestehen, beispielsweise dein Partner, deine Eltern, Geschwister, Kinder oder Freunde mit- bzw. gegeneinander Brennball spielen. Automatisch wirst du auf eine Seite gezogen. Selbst, wenn du nichts dazusagst, dich versuchst rauszuhalten. Du fühlst mit und bewertest. Schon fühlst du dich als Opfer, schon bist du mitten drin, schon erlebst du einen Energiemangel.

Norbert und seine Eltern

Norbert ist zum Essen bei seinen Eltern eingeladen. Der Vater bereitet auf Norberts Wunsch hin ungeschwefelte Klöße zu. Er stellt die Klöße auf den Tisch und die Mutter findet graue Klöße einfach unappetitlich. Das Ballspiel beginnt.

Mutter: <Igitt, die Klöße sind ja ganz grau.>

Vater: <Ja, Norbert hat sich ungeschwefelte Klöße gewünscht.>

Mutter: <Ich kann solche Klöße nicht essen, die sehen ja furchtbar aus.>

Vater: <Aber Lissi, jetzt hab dich doch nicht so. Die schmecken auch nicht anders als deine gelben Klöße. Außerdem sind sie viel gesünder.>

Mutter: <Ich will so etwas aber nicht essen. Ich will gelbe Klöße, einfach so, wie sie immer sind. Das schmeckt nicht.>

Vater: <Schau mal Schatz, wenn die Sonne auf den Tisch scheint, dann sehen sie doch richtig gelb aus.>

Keiner von beiden kann aus diesem Ballspiel aussteigen, da sie in Abhängigkeit zueinander stehen. Die Mutter wirft Brennbälle. Es sind versteckte Brennbälle, die man eventuell nicht sofort als Brennbälle identifizieren kann. Versteckt deswegen, weil sie nicht direkt an denjenigen gerichtet sind, den sie treffen sollen: in diesem Fall Norbert.

Die Mutter steht auch in einer Abhängigkeit zu Norbert, aber sie traut sich nicht, direkt auf ihn zu feuern. Vielleicht sieht sie ihn selten und ist deswegen froh, ihn zum Essen bei sich zu haben. Vielleicht hat sie Angst, dass er wütend aufsteht, und mit ihr nichts mehr zu tun haben will. Sehr wahrscheinlich ist hier Verlustangst mit im Spiel. Daher feuert sie auf den Vater. Da ist natürlich auch eine Abhängigkeit vorhanden, denn auch er darf sie werten, jedoch hat sie vor diesem Urteil weniger Angst, als vor Norberts.

Der Vater umsorgt hier in diesem Beispiel die Mutter und steigt somit auch nicht aus. Es geht hier nicht um eine Klärung, auch hier dreht sich alles nur um Energie. Um gehört, gesehen und geliebt zu werden. Vermutlich sind Norberts Eltern schon geschulte Spieler, und es fällt ihnen deswegen auch nicht auf, dass Norbert sich nicht wohl fühlt. Sie sind zu beschäftigt, ihren Energiehaushalt aufzuladen. Für sie ist es normal, sich so aufzuladen. Ich meine damit, sie handeln in gewisser Weise „einvernehmlich" und verspüren vermutlich auch kein Bedürfnis, an der Situation etwas zu verändern.

Aber Norbert fühlt sich unwohl, denn beide ziehen mit ihrem Ballspiel von ihm Energie. Versteckter Brennball bedeutet auch versteckter Energieraub. Obwohl Norbert nur dasitzt und zuhört, verliert er seine Energie.

Mögliche Gründe warum Norbert sich das gefallen lässt, können beispielsweise sein:

Er nimmt nicht wahr, dass es ihm schlecht geht, da er es nicht anders kennt. Es ist bei seinen Eltern schließlich schon immer so.
Auch kann er in finanzieller Abhängigkeit zu seinen Eltern stehen.
Oder er hat Angst, sie wütend zu machen und eventuell nicht mehr zum Essen eingeladen zu werden. Er möchte den Kontakt zu seinen Eltern nicht verlieren.

Egal was es auch diesmal sein mag, Norbert hat auch alte Glaubensmuster, die es gilt aufzulösen. Arbeitet er nicht an sich, wird er nie souverän und erwachsen in solchen Situationen handeln können.

Er wird immer wie ein *kleines Kind* mit seinen Eltern am Tisch sitzen und hoffen, dass es diesmal harmonischer abläuft. Er wird immer in der Opfer-Rolle bleiben und seine Eltern werden in seinen Augen immer die Täter sein, in unterschiedlichen Konstellationen. Es wird immer Energiemangel herrschen und jeder wird versuchen, vom anderen Energie zu bekommen. Das bedeutet Disharmonie und Ungleichgewicht bei allen dreien. Auch hier gilt es auszusteigen und wieder die Mitte, die innere Balance zu finden. Gefühle auszusprechen um sich so zu heilen.

Zurück zum Beispiel.

Norbert könnte so aus der Sache ohne Energieverlust aussteigen:

Norbert: <Mom, Dad, bitte seid mir nicht böse, aber ich möchte solche Unterhaltungen bei Tisch nicht hören. Eure Unterhaltung macht mir ein unangenehmes Gefühl und so kann ich es gar nicht genießen euch mal wieder zu sehen.>

Natürlich gibt es viele Möglichkeiten auszusteigen, wichtig ist immer, die eigene Wahrheit auszusprechen. Nur dann kann sich wirklich etwas verändern.

DER ZUHÖRER IST DER TÄTER.

In einem weiteren Beispiel möchte ich sichtbar zu machen, wie man als Dritte/r unbemerkt in eine Täter-Rolle wandern kann, obwohl man sich doch gar nicht in die Auseinandersetzung anderer einmischt.

Annette und ihre Töchter

Annette ist Mutter von zwei erwachsenen Töchtern. Beide haben schon selbst ihre eigene Familie. Die Erstgeborene, Kaya, und die Zweitgeborene, Sabrina haben seit ihrer Kindheit immer wieder Streit miteinander. In diesen „Streitzeiten" herrscht dann komplette Funkstille zwischen den beiden Schwestern. Eine Zeit, in der die Mutter nie so richtig weiß, wie sie mit dieser Situation umgehen soll.

Die drei Frauen, treffen sich auf eine Tasse Kaffee in der Stadt, und das Thema fällt auf die bevorstehende Grillparty.

Sabrina: <Wie kannst du mich zum Essen einladen, wenn ich meine Forelle selbst bezahlen muss? Und das als meine Schwester.>

Kaya: <Das war ja keine Essenseinladung in dem Sinne. Ich komme einfach an gute Forellen durch meinen Nachbarn ran, und daher habe ich einfach mal rumgefragt, wer denn Lust hätte auf Fisch und ein gemütliches Beisammensein am Feuer.>

Sabrina: <So habe ich das aber nicht verstanden. Wie stellst du dir das vor? Ich habe momentan sowieso wenig Geld. Wie soll ich mir solche Forellen leisten? Das ist echt der Hammer, dass du von mir Geld verlangst.>

Kaya: <Jetzt hör mal, ich feiere schließlich keinen Geburtstag. Alle anderen finden das völlig normal, ihren Fisch zu zahlen. Ich verlange ja nichts für die Salate und das Brot.>
Sabrina: <Nein, ich empfinde das nicht als normal, sondern eher als eine Frechheit von dir. Versetz dich doch mal in meine Situation.>
Kaya steht auf und verlässt das Café mit den Worten: <Ich kann die Forellen auch einfrieren, dann brauchst du sie nicht zu bezahlen.>
Sabrina ruft noch hinterher: <Ja, mach das. Wir kommen nicht.>

Die Mutter sitzt während dieses Brennballspiels schweigsam daneben. Was könnte sie auch tun? Ihre beiden Töchter sind ja schließlich erwachsen. Die müssen selbst wissen, was sie tun. Sie möchte sich da nicht einmischen.

Aber als Mutter ist sie schon mittendrin. Nämlich emotional.

Sie leidet darunter, dass ihre Töchter sich nicht verstehen und weiß, jetzt beginnt für sie wieder eine anstrengende Zeit. Trifft sie sich zuerst mit der einen oder mit der anderen? Wie verhält sie sich, wenn sie von einer um Rat gebeten wird?

Weil sie nicht agiert, befindet sich die Mutter in einer Täter-Rolle zu ihren beiden Töchtern. Sie hätte vielleicht verhindern können, dass die Unterhaltung sich so zuspitzte. Indem sie ihre Wahrheit ausgesprochen hätte:

Annette: <Sabrina, Kaya, eure Sätze bringen keine Klärung. Ihr verletzt euch doch nur gegenseitig. Kaya, was hältst du davon, wenn wir Sabrina zur Grillparty einladen, wenn sie gerade so knapp bei Kasse ist?>
Oder:
Annette: <Stopp! Jetzt hört mal mit euren Streitereien auf. Mir schmeckt schon mein Kaffee nicht mehr. Sabrina, gib Kaya doch das Geld später, wenn du wieder einen Puffer auf deinem Konto hast.>
Oder:
Annette: <Meine Güte, hört auf mit eurem Gegacker. Ich sehe die Sache so: Kaya ging einfach davon aus, dass es klar für jeden ist, dass er seinen Fisch selbst zahlt. Sabrina, für dich war das offensichtlich nicht klar. Okay, passt auf. Kaya, du versuchst das nächste Mal, mehr Infos rauszuschicken. Du, Sabrina, versuchst, dich nicht immer gleich so persönlich angegriffen zu fühlen. Und jetzt trinken wir unseren Kaffee.>

Die Schwestern befinden sich ganz klar in einem Energiemangel und in einer Abhängigkeit zueinander. Wenn sie an dieser Situation etwas ändern wollen, sollten beide für sich versuchen, herauszufinden, was immer wieder dazu führt, dass sie in einen Streit verfallen (der vermutlich auch immer nach einem ähnlichen Muster abläuft).

Aber auch die Mutter steht in einer Abhängigkeit zu ihren Töchtern. Warum hält sie wohl ihre Wahrheit zurück? Sie fühlt sich als Opfer, da sie emotional unter der Disharmonie zwischen ihren Töchtern leidet. Sie erträgt das mehr oder weniger stillschweigend und versucht, sich, so weit es geht, aus der Sache herauszuhalten. Vielleicht hat sie Angst, von einer ihrer Töchter zurückgewiesen zu werden.

Oder sie befürchtet, es könnte so aussehen, als würde sie sich auf eine Seite schlagen. Sie ist somit auch Täter gegenüber sich selbst, denn sie hat ja durch den Streit der Töchter ihre innere Balance verloren. Viele Gedanken gehen ihr durch den Kopf und rauben ihre Energie.

Natürlich kann sie weder Kaya, noch Sabrina lenken. Daher hätte trotz ihrer Wahrheit eine von beiden wütend das Café verlassen können. Aber Annette wäre nicht in eine der Rollen mit hineingeschlüpft. Sie hätte diese Sache tatsächlich bei ihren Töchtern lassen können. Jede von beiden wüsste nun, da Annette ihre Wahrheit ausgesprochen hat, was sie wirklich darüber denkt und keine von beiden käme nun auf die Idee, die Mutter würde sich auf eine Seite schlagen. Auch Annette könnte weiterhin ihre Wahrheit verkünden, sei es, wenn sie um Rat gebeten wird, oder wenn sie sich das Spektakel einfach nicht mehr mitansehen kann. Sie ist in ihrem Gleichgewicht. Sie übernimmt voll und ganz die Verantwortung für ihr Tun. Sie wird nicht mehr von ihren Töchtern gewertet.

WIE DU ERKENNST, DASS DU BRENNBALL SPIELST UND WIE DU DAMIT AUFHÖREN KANNST

Immer wenn du dich in einer Kommunikation nicht gut fühlst, dann spielst du entweder Brennball, oder bist indirekt an einem Brennballspiel beteiligt. Achte und höre auf dein Bauchgefühl. Macht dich eine Unterhaltung wütend, traurig oder müde, so wird dir Energie entzogen.

Gehen dir nach einer Unterhaltung ganz viele Gedanken im Kopf herum, und du gehst das Gespräch noch einmal durch und überlegst, wie du anders antworten hättest können oder dass dein Gegenüber ganz schön frech zu dir war, dann hast du auch Brennball gespielt und Energie verloren.

Manchmal ist ein Brennballspiel nicht auf Anhieb als solches erkennbar. In Gesprächssituationen, die uns sehr nahe gehen oder verletzen aktivieren wir unsere Abwehrmechanismen: Unfähig, aktiv aus dem Spiel auszusteigen, lassen wir die Jalousien herunter. Im Nachhinein können wir den Gesprächsverlauf nicht mehr rekonstruieren. Wir haben ihn verdrängt um uns zu schützen.

Alte Wertvorstellungen und Glaubenssätze halten dich in deiner Vergangenheit fest. Unfähig im Jetzt anders zu handeln als damals. Unmöglich neue Wege einzuschlagen. Natürlich kann man sich auch manchmal ganz gut aus einem Brennballspiel lösen, jedoch wirklich frei ist man nicht: Vielleicht steigst du bei deinem Vater nicht mehr in ein Spiel ein, aber bei deinem Chef kannst du das Muster nicht verlassen. Vielleicht steigst du bei einem bestimmten Thema nicht ein, aber bei einem anderen schon.

Um alte und überholte Glaubensmuster aufzulösen, frage dich: Welche Emotionen löst diese Situation bei mir aus? Warum löst diese Situation diese Emotion bei mir aus? Woher kenne ich diese Situation? Dieses Gefühl? Erforsche dich, lerne dich kennen. Dann nimm dich an, und zwar so wie du bist. Vergiss nicht, dass deine Vergangenheit dich zu dem gemacht hat, was du heute bist. Sie ist ein Teil deines Weges.

Danach verzeihe dir für dein Verhalten, deine Gefühle, verzeihe auch der anderen Person für ihr Verhalten. Anschließend lasse los. Fällt es dir schwer, so schreibe das, was du loslassen willst auf einen Zettel und verbrenne diesen Zettel.

Binde den Zettel mit einem Faden an einen Baum und lass ihn vom Wind davontragen. Bespreche einen Stein mit dem, was du loslassen willst und versenke ihn in einem Fluss. Es gibt viele Möglichkeiten, loszulassen. Sei kreativ. Kommst du alleine nicht klar, so suche dir Hilfe bei Personen, die dir nahe stehen oder bei professionellen Therapeut/innen oder Heiler/innen. Außenstehende sehen oft viel klarer, was in uns passiert, da sie emotional nicht mit unserem Thema verwickelt sind.

OPFER - TÄTER - ROLLEN

Anhand eines Beispiels möchte ich nun einmal alle Rollen sichtbar machen, in die man sich bei einem Brennballspiel begibt. Ich zeige es mit drei beteiligten Personen. Nehmen wir das Beispiel von Norbert und seinen Eltern:

Norbert sitzt schweigend als Gast bei seinen Eltern am Tisch, während die Mutter über die Farbe der Knödel nörgelt. Der Vater versucht, sie zu umsorgen, indem er ihr die grauen Klöße schmackhaft redet. Norbert bekommt die versteckten Brennbälle ab, da er sich die grauen Klöße gewünscht hat.

In welchen Rollen sich die Beteiligten selbst sehen:

Der Vater fühlt sich in der Täter-Rolle. Daher muss er die Mutter umsorgen. Er hat vielleicht ein schlechtes Gewissen, weil er der Mutter nicht doch einen Kloß geschwefelt hat, obwohl er ja weiß, wie sehr sie gelbe Klöße liebt.

Gleichzeitig fühlt sich der Vater auch in der Täter-Rolle seinem Sohn gegenüber. Deswegen umsorgt er auch ihn. Möglicherweise hat er ein schlechtes Gewissen, dass er jetzt mit der Mutter streitet, anstatt ein schönes Gespräch mit seinem Sohn zu führen, der ja nicht so oft zu Besuch kommt.

Die Mutter fühlt sich in der Opfer-Rolle. Daher versucht sie sich zu nehmen, was sie doch so dringend braucht: Gesehen, gehört und akzeptiert zu werden. Erst dann fühlt sie sich geliebt. Sie fühlt sich auch in der Opfer-Rolle gegenüber ihrem Sohn.

Vielleicht, weil er mitbekommt, wie sehr sie auf die Wertung von außen angewiesen ist und wie sehr sie dafür kämpfen muss. Er erkennt ihre Schwächen. Sie ist hilflos.

Norbert fühlt sich seiner Mutter gegenüber in der Opfer-Rolle. Er umsorgt seine Mutter, indem er ihr auch Dinge erzählt, die ihr die grauen Klöße erträglicher machen sollen.

Seinem Vater gegenüber fühlt Norbert sich in der Täter-Rolle. Hätte er sich nicht ungeschwefelte Klöße gewünscht, wären sie jetzt auch nicht grau. Mutter würde Vater keine Vorwürfe machen und Vater bräuchte sich nicht zu rechtfertigen. Das hat zur Folge, dass Norbert seinem Vater stillschweigend Energie zuführt.

So fühlen sich alle Beteiligten selbst in ihre Rollen ein und handeln danach. Sie sind Sklaven ihrer Glaubensmuster und können daraus nicht alleine aussteigen.

In welche Rollen sich die Beteiligten gegenseitig stecken.

Der Vater
In den Augen der Mutter ist er zu ihr Täter. Schließlich hat ja er die grauen Klöße gekocht. Norbert sieht seinen Vater als Opfer. Einmal, wenn er etwas anderes kocht, wird er gleich von Mutter angemault.

Die Mutter
In den Augen des Vaters ist sie zu ihm Täterin. Sie ruiniert mit ihrem Gezanke die ganze Stimmung bei Tisch. Norbert sieht seine Mutter ebenfalls als Täterin. Wieso kostet sie seine grauen Klöße nicht, sie sind auch viel gesünder.

Norbert
In den Augen des Vaters ist Norbert das Opfer. Er wird von seiner Mutter kritisiert. Seine Mutter sieht ihn als Täter. Ohne die verrückte graue Knödel-Idee von ihm, wäre alles wie immer.

Alle drei sind, wie immer beim Brennballspiel, auch Täter gegen sich selbst. Sie erleben eine Situation, die eigentlich keiner will.

Aus diesem Beispiel wird deutlich, in wie vielen Rollen man sich bewegt und wie man im Brennballspiel, je nach Perspektive, gleichzeitig Täter und Opfer ist. So wird vielleicht auch der enorme Energieverlust verständlich, den man spürt, wenn man sich von anderen werten lässt.

WIE DU DICH SELBST UM DEINEN ENERGIEHAUSHALT KÜMMERN KANNST.

Wenn du aufhören willst, dich mit Hilfe von anderen energetisch aufzutanken, darfst du deine Energie aus anderen Quellen beziehen. Wie geht das? Ganz allgemein füllt alles, was dir gut tut, auch deinen Energiehaushalt. Das kann auf ganz verschiedene Arten geschehen, dafür gibt es kein Patentrezept. Manche fühlen sich wohl, wenn sie viel Sport treiben, andere vergessen Raum und Zeit, wenn sie ein Bild malen oder etwas basteln. Es ist egal, ob du mit deinem Hund spazieren gehst oder einen Tai-Chi-Kurs machst, um dich danach frisch und entspannt zu fühlen. Orientiere dich an dem, was dir Spaß macht, was dir gut tut und worauf du wirklich Lust hast. So kannst du dich am leichtesten mit guter Energie aufladen und brauchst sie nicht von anderen zu nehmen.

Spüre nach, bei welchen Dingen deine Augen zu funkeln beginnen. Wann fühlst du dich „in deinem Element", was fällt dir leicht und was tust du mit Freude?

Wenn du energetisch satt bist, kann kommen was mag. Ob dich deine Kinder überfallen, überraschender Besuch vor der Tür steht, oder dein Chef dich am Telefon verlangt. Es fühlt sich alles leichter an, weniger stressig und kaum nervenaufreibend. Der Alltag ist wie immer, doch du hast mehr Kraft. Du bist ruhiger und deshalb auch freundlicher gegenüber deinen Mitmenschen. Kommst du aber nicht dazu, dich energetisch aufzuladen, so bist du auf der Suche und wirst versuchen, andere energetisch anzuzapfen, mit all den Folgen, die ich schon beschrieben habe. Daher kümmere dich um dich und sei liebevoll mit dir.

Ein ganz grundlegender Aspekt für deinen Energiehaushalt ist die Ernährung. Hier ist nicht der Rahmen, um auf das Thema näher einzugehen, deswegen möchte ich nur ganz allgemein dazu sagen, dass du bewusst „Lebens - Mittel" zu dir nehmen kannst. Nahrung, die deine Lebensenergie stärken kann und dich satt macht.

Also achte auf deine Lebens-Mittel, damit erst gar kein Mangel an Energie entsteht. Ich sage bewusst DEINE Lebensmittel, da jeder Mensch anders ist und damit auch andere Lebensmittel verträgt. Was für den einen gesund und gut ist, ist es für den anderen nur bedingt oder gar nicht. Höre auf deinen Körper, er zeigt meist recht deutlich was gut für dich ist.

Weitere Möglichkeiten sich energetisch aufzuladen, sind Meditationen, Fantasiereisen oder andere Visualisierungsarbeiten. Weil unser Gehirn nicht unterscheidet, ob etwas real oder in der Vorstellung passiert, können Visualisierungen ungeheuer wirkungsvoll sein.

Visualisierungsbeispiel
Stell dir vor, du gehst am Strand spazieren. Versuche es dir so real wie möglich vorzustellen. Beziehe alle Sinne mit ein. Stell dir als erstes das Bild vor, wie es an deinem Strand aussieht. Ist es Sandstrand oder ist das Ufer eher steinig? Dann stelle dir das Meer vor. Seine Farbe, wie es in der Sonne glitzert. Dann höre die Wellen, wie sie ans Ufer platschen und sich wieder zurückziehen. Vielleicht hörst du Möwen am Himmel krächzen. Du spürst den sanften Wind in deinen Haaren und wie er auf deinem Körper eine angenehme Gänsehaut hinterlässt. Du riechst die frische Meeresluft und lässt dir eine Weile die Sonne in dein Gesicht scheinen. Dann siehst du eine Muschel am Strand liegen, die eben gerade eine Welle zurückgelassen hat. Hebe sie auf und spüre sie.

Du kannst dir deine Reise so gestalten wie du es willst und darfst dich ganz deiner Fantasie hingeben. Wenn du dann anschließend wieder deine Augen öffnest und einmal tief durchatmest, wirst du merken, dass du die Dinge mit wesentlich mehr Ruhe und Gelassenheit anpacken kannst.

SCHLUSSWORT

Ich hoffe, mit diesen Beispielen ein wenig Licht ins Dunkel gebracht zu haben. Man muss nicht hellsichtig sein, um Energien wahrzunehmen. Fühlt in euch hinein und nehmt eure Gefühle wahr, ohne sie zu werten. Sprecht sie aus, das ist eure Wahrheit. So öffnet ihr euch für andere aber auch für euch selbst. Damit ermöglicht ihr anderen, sich auch zu öffnen. Dadurch können sich neue Wege auftun, die leichter, lebendiger, freudiger, liebevoller und verständnisvoller beschritten werden können. Wir sind alle miteinander energetisch verbunden. Seid liebevoll zu euch, so seid ihr liebevoll zu anderen. Probiert es doch einfach aus. Garantiert ohne Nebenwirkungen.

Ich wünsche euch gutes Gelingen und viel Erfolg.
Eure Sandra

MEINE NOTIZEN

MEINE NOTIZEN

MEINE NOTIZEN